शक्ति गीत

वह सर्वोच्च देवी जो संसार को रचती है।
मैं उस स्रोत की पूजा करता हूँ।
मैं उनका दिव्य प्रकाश के रूप में ध्यान करता हूँ।
वह प्रकाश हमारी बुद्धि को प्रज्वलित करें!

परिचय

विद्वानों ने हिंदू धर्म को समझने के लिए संघर्ष किया है, एक ऐसा धर्म जिसके अनुयायी पागल लगते थे क्योंकि वे बड़ी संख्या में देवी-देवताओं की पूजा सर्वोच्च मान कर करते थे। एक ऐसा धर्म जो अपनी मान्यताओं, प्रथाओं और पूजा के तरीकों में बहुत भिन्न है। कुछ लोगों ने हिंदू धर्म को बहु ईश्वरवाद बता दिया, जबकि अन्य ने आध्यात्मिक परंपराओं की इस उलझन भरी श्रृंखला का वर्णन करने के लिए नए शब्द भी गढ़े। हालांकि, बहुत कम लोगों ने महसूस किया है, और उससे भी कम लोगों ने लिखा है कि सनातन धर्म या शाश्वत धर्म, जिसे आज हिंदू धर्म के रूप में जाना जाता है, धर्मों का एक परिवार है जिसमें चार मुख्य संप्रदाय हैं; शाक्त, शैव, वैष्णव और स्मार्त। हिंदू धर्म को समझने और इसे सटीक रूप से समझाने के लिए यह एक धारणा महत्वपूर्ण है।

प्रचलित गलत धारणाओं के विपरीत, हमें यह जानना चाहिए कि हिंदू एक सर्वोच्च ईश्वर की पूजा करते हैं, हालांकि उनके नाम और रूप अलग-अलग हैं। शाक्त के लिए माँ शक्ति सर्वोच्च हैं। शैव के लिए भगवान शिव सर्वोच्च हैं। वैष्णव के लिए भगवान विष्णु सर्वोच्च हैं। स्मार्त यानी उदार हिंदुओं के लिए देवी-देवता का चुनाव भक्त पर छोड़ दिया जाता है ताकि वह अपनी रुचि अनुसार चुनाव करें।

प्रत्येक संप्रदाय में अनेक ऋषि, पवित्र साहित्य, मठ, तीर्थ स्थल और मंदिर हैं। इन संप्रदायों की मान्यताएं इतनी भिन्न हैं कि प्रत्येक संप्रदाय अपने आप में एक स्वतंत्र धर्म है। फिर भी, वे समान मान्यताओं की विरासत साझा करते हैं; पुनर्जन्म, मंदिर पूजा, अनेक देवी-देवता, गुरु शिष्य परंपरा और वेद प्रमाण।

प्रत्येक दर्शन, संप्रदाय और कुल का एक ही उद्देश्य है कि आत्मा की पवित्रता और पूर्णता की ओर यात्रा को बढ़ाना, जिसे मोक्ष या मुक्ति के रूप में जाना जाता है। तो आइए एक-एक करके सभी संप्रदायों पर चर्चा करें।

शाक्त सर्वोच्च को दिव्य माँ, शक्ति या देवी के रूप में पूजते हैं। सर्वोच्च माँ के कई रूप हैं। कुछ सौम्य हैं और अन्य उग्र हैं। शाक्त ब्रह्मांडीय ऊर्जा को बुलाने और रीढ़ के भीतर महान कुंडलिनी शक्ति को जगाने के लिए जप, तप, योग और अनुष्ठानों का भरपूर उपयोग करते हैं।

शैव भगवान शिव के रूप में सर्वोच्च की पूजा करते हैं। वे आत्म अनुशासन और दर्शन को सबसे अधिक महत्व देते हैं। वे योग का अभ्यास करते हैं। वे मंदिरों में भी पूजा करते हैं और शिव के साथ एक होने का प्रयास करते हैं।

वैष्णव भगवान विष्णु और उनके अवतारों, खास तौर पर कृष्ण और राम की पूजा करते हैं। वे पूर्ण समर्पण का पालन करते हैं और मंदिरों में पूजा करते हैं। वे हमेशा भगवान विष्णु को प्रसन्न करने में प्रयासरत रहते हैं।

स्मार्त सभी प्रमुख हिंदू देवी-देवताओं की पूजा करते हैं इसलिए उन्हें उदार हिंदू भी कहा जाता है। वे दर्शन और ध्यान के मार्ग का अनुसरण करते हैं। वे तर्कसंगत समझ के माध्यम से ईश्वर के साथ हमारी एकता पर जोर देते हैं।

अंतर्वस्तु

ॐ श्री मात्रे नमः

आप मेरी माता है और पिता भी।
आप मेरा परिवार हैं और मित्र भी।
आप मेरी बुद्धि हैं और धन भी।
आप ही सब कुछ है, हे जगदम्बा!

अध्याय एक
पार्वती का जन्म

[१] राजा बोले: हे ऋषिवर! आपने मुझे बताया कि पृथ्वी पर परम प्रकाश का जन्म हुआ है। अब उस परम शक्ति का विस्तार से वर्णन कीजिए। कोई भी बुद्धिमान मनुष्य उन मुक्तिदायी वचनों को सुनने से नहीं बच सकता।

[२] अमृत पीने वाले देवताओं को भी मृत्यु आ सकती है, किन्तु जो लोग दिव्य माँ की महिमा को ध्यानपूर्वक सुनते हैं, उन्हें कोई खतरा नहीं हो सकता।

[३] ऋषि बोले: हे राजन! तुम धन्य हो कि तुम्हें महान आत्माओं ने शिक्षा दी है। तुम भाग्यशाली हो कि तुम सच्चे मन से माँ आदि शक्ति के प्रति समर्पित हो।

[४] अब एक प्राचीन कथा सुनो। एक बार भगवान शिव सती के जले हुए शरीर को लेकर पीड़ा वश पूरे संसार में भटक रहे थे।

[५] जब भी शिव विश्राम करते, वे शक्ति के विभिन्न रूपों के ध्यान में लीन होकर निर्जीव हो जाते थे, दुनिया का सारा ज्ञान भूल जाते थे।

[६] तीनों लोक अपनी-अपनी वस्तुओं सहित समृद्धि से रहित हो गए थे।

[७] प्राणियों के हृदय में कोई आनंद नहीं रह गया, वे सदैव दुखी और विचारों से बोझिल रहते थे। सभी लोग दुख के सागर में डूब गए और रोगी हो गए।

[८] राजाओं पर कई विपत्तियाँ आईं, जिससे उन्हें भौतिक और आध्यात्मिक दोनों तरह की संपत्ति खोनी पड़ी। उस समय भगवान ब्रह्मा से वरदान प्राप्त करने के बाद तर्क नामक एक राक्षस अजेय हो गया।

[९] अपनी शक्तियों के नशे में चूर होकर उसने तीनों लोकों पर आधिपत्य स्थापित कर लिया। उसे वरदान था कि केवल शिव और शक्ति की संतान ही उसे मार सकेगी।

[१०] उस समय शिव की कोई संतान नहीं थी इसलिए वह महान दैत्य आनंद से भरकर अपनी शक्तियों पर मोहित हो गया।

[११] उस राक्षस ने सभी देवताओं को उनके महलों से निष्कासित कर दिया था। वे हमेशा चिंतित और भयभीत रहते थे।

[१२] भगवान शिव की अब कोई पत्नी नहीं है। फिर उनकी संतान कैसे हो सकती है? हम सचमुच बहुत अभागे हैं।

[१३] इस प्रकार विचारों से पीड़ित होकर, सभी देवता वैकुंठ गए और भगवान विष्णु को सारी घटना बताई।

[१४] विष्णु ने कहा: जब ब्रह्मांड की देवी हमेशा हमारे लिए जागृत रहती है तो आप इतने चिंतित क्यों है?

[१५] हमारी गलतियों के कारण ही दिव्य माँ उपेक्षा दिखा रही है। इसका

उद्देश्य हमें सिखाना और मजबूत बनाना है।

[१६] जब माँ बच्चे को डराती और डांटती है, तो इसका मतलब यह नहीं है कि वह निर्दयी हो गई है। अतः विश्व माता, ब्रह्मांड की नियंत्रक, हमारे प्रति कभी भी निर्दयी नहीं होगी, चाहे हम कितने भी बुरे क्यों न हों।

[१७] बच्चा हर समय कोई न कोई गलती करता रहता है। उस माँ के अलावा इस दुनिया में उसे कौन बर्दाश्त कर सकता है?

[१८] अतः तुम सच्ची भक्ति के साथ परम माँ की शरण में जाओ। माँ शक्ति अवश्य ही तुम्हारी इच्छा पूरी करेंगी।

[१९] इस प्रकार देवताओं को आश्वस्त करने के बाद भगवान विष्णु अपनी पत्नी देवी लक्ष्मी और अन्य लोगों के साथ शक्ति की पूजा करने के लिए निकल पड़े।

[२०] हिमालय पहुंचकर वे शीघ्र ही पूजा-पाठ में लग गए।

[२१] हे राजन! जो लोग देवी माँ के लिए यज्ञ करने में पारंगत थे, उन्होंने अपने यज्ञ अनुष्ठान आरम्भ कर दिए और सभी पवित्र निर्णय लेने लगे।

[२२] इस प्रकार कुछ लोग भजन गाने लगे और दिव्य माँ के कई नामों का जाप करने लगे। अन्य लोग शक्ति के विभिन्न रूपों के ध्यान में डूबने लगे।

[२३] कुछ लोग मंत्र जप में लगे हुए थे। कुछ लोग कठोर तपस्या में लगे थे,

अन्य लोग मानसिक यज्ञों पर ध्यान केंद्रित कर रहे थे।

[२४] इसके अलावा, कुछ लोग माया के बीज मंत्र द्वारा ब्रह्मांड की देवी की पूजा करने लगे। इस प्रकार कई साल बीत गए।

[२५] चैत्र मास की नवमी तिथि के दिन शुक्रवार को महानतम शक्ति का परम प्रकाश अचानक उनके सामने प्रकट हुआ।

[२६] वह प्रकाश करोड़ों बिजली की चमक के बराबर था, और करोड़ों चंद्रमा के समान शीतल था। उसकी चमक करोड़ों सूर्य के संयुक्त प्रकाश के समान थी। चारों ओर साक्षात वेद स्तुति कर रहे थे।

[२७] वह प्रकाश ऊपर, नीचे, मध्य और सब ओर था, कहीं अवरुद्ध नहीं था।

[२८] दिव्य प्रकाश का न तो कोई आरंभ था, न ही कोई अंत। यह न तो किसी पुरुष जैसा था न ही स्त्री या उभयलिंगी जैसा।

[२९] देवताओं ने पहले तो डरकर अपनी आँखें बंद कर लीं, किन्तु दूसरे ही क्षण जब साहस करके आँखें खोलीं तो उन्हें एक अद्भुत दृश्य दिखाई दिया।

[३०] उन्होंने निराकार परम प्रकाश को एक अत्यंत सुंदर दिव्य स्त्री के रूप में प्रकट होते पाया।

[३१] उनकी खिलती हुई जवानी और पूर्ण गोलाकार स्तन; उभरे हुए और ध्यान

देने योग्य, चारों ओर सुंदरता में वृद्धि कर रहे थे।

[३२] उनकी पतली कमर पर सुंदर आभूषण खनकती हुई ध्वनि कर रहे थे। उनकी नाभि के ऊपर बालों की रेखा अतिरिक्त सुंदरता दे रही थी।

[३३] उनके हाथों में कंगन और पैरों में सुन्दर पायलें थीं। अमूल्य रत्नों और मोतियों से बनी माला चारों ओर अत्यन्त उज्ज्वल आभा फैला रही थी।

[३४] उनके कान और गाल के बीच लहराते बाल सफेद फूल पर चमकती काली मधुमक्खियों की तरह चमक रहे थे। हीरे की बालियां चांद पर बनी रेखाओं की तरह लटकी हुई थी।

[३५] उनके सिर पर अमूल्य रत्नों और मणियों से सुसज्जित स्वर्ण मुकुट था। उनके माथे पर केसर की बूँदें चिपकी हुई थीं।

[३६] उनके माथे पर अर्धचंद्र था। उनकी भौहें फैली हुई थीं और उनकी लाल आँखें चंचल भाव से चमक रही थीं। उनकी नाक ऊँची थी और होंठ बहुत कोमल थे। उनके दाँत सफेद चमेली के फूल की खिली हुई कलियों की तरह बहुत सुंदर थे। उनका मुँह पान और खाने योग्य कपूर से भरा हुआ था।

[३७] उनके एक हाथ में फंदा था और दूसरे हाथ में अंकुश था। उनके दो अन्य हाथ वरदान देने और भय दूर करने वाली मुद्रा बना रहे थे। उनके शरीर से बहुत तेज आभा निकल रही थी। उनके वस्त्र लाल रंग के थे। इन सबने चारों ओर सुन्दरता बहुत बढ़ा दी थी।

[३८] वह जगत की माता है, सबको मोहित करने वाली है, अत्यन्त मधुर है, सदा मुस्कुराती रहती है, सभी कामनाओं को पूर्ण करती है, सभी देवताओं द्वारा पूजित है और सभी मनोहर भावनाओं की द्योतक है।

[३९] इस प्रकार देवताओं ने अपने सामने असीम दया की अवतार देवी माँ को देखा जिनका चेहरा कृपा करने के लिए तत्पर था।

[४०] करुणा से परिपूर्ण दिव्य माता के रूप को देखकर सभी देवता भाव विभोर होकर बोलने में असमर्थ हो गये। अतः सिर झुकाकर आँसू बहाने लगे।

[४१] किसी तरह खुद को नियंत्रित करके उन्होंने जगत जननी महादेवी की स्तुति करना प्रारम्भ किया।

[४२] देवताओं ने कहा: हे महान देवी, आपको नमस्कार है! हम आपको नमन करते हैं। हमारा शाश्वत प्रणाम!

[४३] आप योगी के माथे में दिव्य प्रकाश के रूप में निवास करती हैं। सभी प्राणी अपने कर्मों के फल के लिए आपकी पूजा करते हैं।

[४४] सदैव ज्ञान से प्रज्वलित, शुद्ध चेतना के रूप में सर्वत्र प्रकाशित, हम देवी दुर्गा की शरण लेते हैं। हम देवी तारा को नमन करते हैं, हमें इस भयानक संसार सागर से पार करने में सहायता करें।

[४५] हमने आपकी कृपा से शब्द और भाषा इसलिए बनाई ताकि आपकी

प्रशंसा कर सके और आपके लिए भजन गा सके।

[४६] आप कल्पवृक्ष के समान हैं, जो सभी इच्छाओं को पूरा करने वाली है और जो पूरे संसार का पोषण करती है। साथ ही, आप समय के अंत में विनाश की रात्रि हैं, जो सब कुछ राख में बदल देती हैं। हम देवी काली के सामने आत्मसमर्पण करते हैं, हे माँ! कृपया हम पर प्रसन्न हों।

[४७] आप ब्रह्मा की शक्ति सरस्वती हैं। आप विष्णु की शक्ति लक्ष्मी हैं। आप शिव की शक्ति पार्वती हैं। इस प्रकार, हे देवी! आप विभिन्न रूपों में संसार को पवित्र करती हैं और सभी को शांति प्रदान करती हैं।

[४८] हे भगवती ! हम आपका ध्यान समस्त प्राणियों की जीवन शक्ति के रूप में करते हैं। हमें प्रकाशित कीजिए, जिससे हम अपनी बुद्धि को प्रज्वलित कर सकें और आपको जान सकें।

[४९] हे शक्ति! आपके स्थूल ब्रह्माण्डीय रूप को नमस्कार है और सूक्ष्म रूप को नमस्कार है, जो सबको जोड़ता है। आपके अव्यक्त रूप को नमस्कार है। आप ही परमात्मा का अवतार हैं।

[५०] आपका अज्ञान मनुष्यों में मोह उत्पन्न करता है । आप ही माया है जिसके प्रभाव से यह संपूर्ण संसार उत्पन्न हुआ है।

[५१] आप चेतना का सार हैं। आप शाश्वत आनंद हैं जिन्हें वेदों में जीवन का एकमात्र उद्देश्य बताया गया है। हम आपके चरण कमलों में नमन करते हैं।

[५२] हम उनको नमन करते हैं जो पाँच कोशों (भौतिक, ऊर्जा, मानसिक, बुद्धि और आनंद) से परे है, जो तीन अवस्थाओं (जागृत, स्वप्न और सुषुप्ति) का साक्षी है, और जो सभी प्राणियों में आत्मा के रूप में निवास करती है।

[५३] हे देवी! आप ही मंत्रों में ॐ हैं, और आप ही हीं बीज मंत्र भी हैं। आप ही परम दयालु और कृपालु हैं।

[५४] इस प्रकार देवताओं द्वारा स्तुति की गई। भगवती ने हर्षित होकर कोयल के समान अत्यन्त मधुर वाणी में कहना आरम्भ किया।

[५५] देवी बोली: हे बुद्धिमानों! तुम क्या चाहते हो? मैं सदैव तुम्हारी हूँ, अपने भक्तों को वरदान देने के लिए तत्पर हूँ।

[५६] तुम मेरे भक्त हो। जब मैं तुम्हारे पक्ष में हूँ, फिर तुम्हें क्या चिंता है? मैं तुम्हें संकटों के सागर से उबारूँगी। मेरे वचनों को सत्य जानो।

[५७] अत्यन्त प्रेमपूर्ण वचन सुनकर देवतागण अत्यंत प्रसन्न हुए और फिर उनका मन शांत हुआ।

[५८] देवताओं ने कहा: हे देवी! आप तो सर्वज्ञ हैं। तीनों लोकों में ऐसा क्या है जो आपको ज्ञात नहीं है?

[५९] हे देवी माँ! राक्षसों का स्वामी तार्कासुर हमें दिन-रात कष्ट दे रहा है।

[६०] ब्रह्मा ने उसे वरदान दिया है कि वह शिव और शक्ति की संतान द्वारा ही मारा जाएगा। साथ ही, शिव की पत्नी सती ने अपना शरीर त्याग दिया है इसलिए शिव के पास अब कोई पत्नी नहीं है।

[६१] अज्ञानी सर्वज्ञ से क्या कहेंगे? हे माता! हम जो कुछ कह सकते थे, वह हमने संक्षेप में कह दिया है। अब हम और क्या कहें? आप हमारे सारे कष्ट तथा दुखों का कारण जानती हैं।

[६२] आप हमें आशीर्वाद दें, जिससे हमारी भक्ति आपके चरण कमलों में अटूट बनी रहे, यह हमारी प्रार्थना है। हे माता! आप शिव की संतान के लिए देह धारण करें, यही हमारी हार्दिक प्रार्थना है।

[६३] देवी ने कहा: मैं शीघ्र ही पर्वतराज हिमवान के घर पार्वती के रूप में अवतार लूँगी। पार्वती शिव की पत्नी बनेगी और संतान उत्पन्न करेगी जो तारकासुर का नाश करेगा और तुम्हारी समस्या का समाधान होगा। साथ ही, तुम्हारी भक्ति मेरे चरण कमलों में बनी रहेगी।

[६४] राजा हिमवान पूर्ण भक्ति से अपने हृदय में मेरी पूजा करते हैं, अतः उनके घर जन्म लेने में मुझे निस्संदेह अपार प्रसन्नता हो रही है।

[६५] मुनि बोले: हे राजन! देवी के दयालु वचन सुनकर पर्वत राज प्रेम से भर गये और नेत्रों में आँसू भरकर तीनों लोकों की देवी को प्रणाम किया।

[६६] हिमवान ने कहा: आप जिस पर कृपा करती हैं, उसे महान बना देती हैं।

अन्यथा मैं कितना मंद और अयोग्य हूँ, जबकि आप बुद्धि और आनन्द स्वरूप शुद्ध चेतना हैं।

[६७] हे निष्पाप! करोड़ों जन्मों के पश्चात भी आपका पिता बनना आपकी कृपा के बिना संभव नहीं है, चाहे कितना भी संचित पुण्य क्यों न हो।

[६८] ओह! आपने मुझ पर कितना बड़ा उपकार किया है! अब मेरी कीर्ति सारे ब्रह्माण्ड में फैल जाएगी कि जगदम्बा ने हिमवान के यहां पुत्री रूप में जन्म लिया है।

[६९] जिसके उदर में करोड़ों ब्रह्माण्ड समायें हों, वह मेरी पुत्री हो। ऐसा भाग्यशाली और धन्य कौन हो सकता है?

[७०] जिस कुल में मुझ जैसा धन्य व्यक्ति हो, मेरे पूर्वजों ने कितने पुण्य संचित किये होंगे। मैं उन स्वर्ग लोकों की कल्पना भी नहीं कर सकता, जो मेरे पूर्वजों के रहने के लिए बनाए गए होंगे।

[७१] हे परमेश्वरी! आप ही वेदान्त का लक्ष्य हैं। अब आप मुझे वेदों में वर्णित आपके वास्तविक स्वरूप का वर्णन करें। हे माता! मुझे बताइए कि मैं किस प्रकार आप में लीन हो सकता हूँ?

अध्याय दो
माता और माया

[१] मुनि बोले: हे राजन! इस प्रकार हिमवान की स्तुति से जगदम्बा ने कृपापूर्वक प्रामाणिक शास्त्रों में छिपे रहस्यों को बताना आरम्भ किया।

[२] माता बोलीं: हे अविनाशी ! अब मैं जो वचन कहने जा रही हूँ, उन्हें ध्यान पूर्वक सुनो, जिन्हें सुनकर तुम्हें मेरा वास्तविक स्वरूप ज्ञात होगा।

[३] सृष्टि से पहले केवल मैं ही थी, अन्य कुछ भी नहीं था। मेरा वास्तविक स्वरूप शुद्ध चेतना कहलाता है।

[४] मेरा सच्चा स्वरूप विचार से परे, किसी भी नाम से परे, किसी भी तुलना से परे, जन्म और मृत्यु से परे, तथा किसी भी अन्य परिवर्तन से परे है। मेरे पास एक अन्तर्निहित शक्ति है जिसे माया कहा जाता है।

[५] माया न तो सत्य है और न ही असत्य, न ही इसे दोनों कहा जा सकता है। माया का यह भ्रम तब तक बना रहता है जब तक मोक्ष की प्राप्ति नहीं होती।

[६] माया स्वाभाविक रूप से मुझसे उत्पन्न होती है जैसे अग्नि से प्रकाश, सूर्य से गर्मी और चंद्रमा से ठंडक।

[७] मैं निराकार हूँ किन्तु जब मैं माया के साथ एक हो जाती हूँ तो विभिन्न रूप

धारण कर लेती हूँ, जो इस जगत का मूल कारण है।

[८] माया दो प्रकार की होती है, एक को शुद्ध माया या ज्ञान कहते हैं और दूसरी को अशुद्ध माया या अज्ञान कहते हैं।

[९] शुद्ध माया अपने भक्तों की रक्षा करती है और मुक्ति देती है जबकि अशुद्ध माया मुझे छिपा लेती है और इस प्रकार सभी प्राणियों को दुख देती है।

[१०] माया जब पांच तत्वों के रूप में अभिव्यक्त होती है तो वह ब्रह्मांड का भौतिक कारण है। कुछ लोग उसे अज्ञान और भ्रम कहते हैं। अन्य लोग उसे प्रकृति और ऊर्जा कहते हैं।

[११] माया को इन्द्रियों द्वारा अनुभव किया जाता है, अतः इसे सत्य माना जाता है। साथ ही, इससे प्राप्त ज्ञान समय के साथ नष्ट हो जाता है इसलिए इसे मिथ्या भी माना जाता है।

[१२] शुद्ध चेतना को इन्द्रियों द्वारा अनुभव नहीं किया जा सकता इसलिए चेतना स्वयं प्रकाशमान है, किसी अन्य स्रोत से प्रकाशित नहीं होती।

[१३] चेतना अपने अलावा जो कुछ भी है उसे प्रकाशित करती है इसलिए स्वयं प्रकाशमान है और वह सूर्य, चंद्रमा और अन्य रूपों को प्रकाशित करती है।

[१४] हे हिमवान! जाग्रत, स्वप्न और सुषुप्ति, ये तीनों अवस्था स्थिर नहीं रह सकतीं किन्तु मैं का भाव एक ही रहता है। अतः सुषुप्ति में जिस साक्षी द्वारा

विषयों के अभाव का अनुभव किया जाता है, वह सनातन है।

[१५] अगर हम मान भी लें कि चेतना का अनुभव किया जा सकता है, तो इसका अनुभव किसके द्वारा किया जाएगा?

[१६] जो साक्षी अनुभव करता है, वही शुद्ध चेतना के रूप में रहता है। संतों ने कहा है कि शुद्ध चेतना शाश्वत है। यह सर्वोच्च प्रेम का एकमात्र स्रोत है।

[१७] 'मैं हूँ' की भावना हर प्राणी के अंदर गहराई से समाहित है। इस प्रकार, यह स्पष्ट है कि मैं जागरूकता का एक सतत प्रवाह हूँ। साथ ही, मैं अनुभव की गई दुनिया से बिल्कुल अलग हूँ।

[१८] चेतना में कोई गुण नहीं होता। साथ ही, यह स्वयं से अलग भी नहीं है इसलिए चेतना ही आत्मा है।

[१९] आत्मा किसी भी चीज़ से अनासक्त और हमेशा द्वैत से रहित है, इसलिए शाश्वत आनंद स्वरूप है।

[२०] शाश्वत आत्मा अपनी माया द्वारा पूर्व प्रवृत्तियों के अनुसार इच्छाओं और कार्यों से जुड़ जाती है।

[२१] माया आत्मा से अलग नहीं है। सृष्टि करने की इच्छा से ही पूरा संसार चेतना में उत्पन्न हो जाता है।

[२२] सभी शास्त्रों में आत्मा को ही सबका कारण बताया गया है। इसे मूल स्रोत माना गया है। इसका सार अस्तित्व, ज्ञान और आनंद है।

[२३] जहाँ सभी इच्छा, ज्ञान और क्रिया एक में विलीन हो जाती हैं, वह हीं मंत्र है। यह ब्रह्मांड का पहला सिद्धांत है।

[२४] ही मंत्र से शब्द गुण वाला आकाश, फिर शब्द और स्पर्श गुण वाला वायु उत्पन्न हुआ। फिर शब्द, स्पर्श और रूप गुण वाला अग्नि उत्पन्न हुआ। फिर शब्द, स्पर्श, रूप और रस गुण वाला जल उत्पन्न हुआ। और अंत में पांच गुण वाली पृथ्वी उत्पन्न हुई; शब्द, स्पर्श, रूप, रस और गंध।

[२५] पंच तत्वों से सूक्ष्म शरीर की रचना होती है, जो की सर्वव्यापी है। जो अव्यक्त रूप है, उसे कारण शरीर कहते हैं।

[२६] स्थूल शरीर पांच तत्वों के अलग-अलग अनुपात के मिश्रण का परिणाम है। इंद्रियां पाँचों तत्वों के सत्त्व गुण से उत्पन्न होती हैं।

[२७] इन्द्रियों के सत्त्व गुण मिलकर अन्तःकरण बनाते हैं। अपने कार्य के अनुसार यह चार प्रकार के होते हैं।

[२८] जब आंतरिक इंद्रिय इच्छा या संदेह में लगी रहती है, तो उसे मन कहा जाता है। जब यह संदेह से मुक्त हो जाती है और किसी निष्कर्ष पर पहुंचती है, तो उसे बुद्धि कहा जाता है।

[२९] जब यह अतीत की घटनाओं को याद करने में लगी रहती है, तो इसे चित्त कहा जाता है। जब यह 'मैं' की भावना के साथ जुड़ जाती है, तो इसे अहंकार कहा जाता है।

[३०] पाँचों तत्वों में से प्रत्येक के रजस गुण से मुख, हाथ, पैर, गुदा और जननांग उत्पन्न होते हैं। कर्मेन्द्रियों के रजस गुण मिलकर पाँच वायु बनाते हैं।

[३१] प्राण वायु हृदय में, अपान वायु भुजाओं में, समान वायु नाभि में, उदान वायु कंठ में तथा व्यान वायु सम्पूर्ण शरीर में व्याप्त रहती है।

[३२] जब आत्मा शुद्ध माया पर प्रतिबिंबित होती है, तो उसे ईश्वर कहा जाता है और जब आत्मा अशुद्ध माया पर प्रतिबिंबित होती है, तो उसे जीव कहा जाता है। अशुद्ध माया आत्मा को छुपाती है जिसका स्वभाव आनंद है।

[३३] ईश्वर मेरी ही शक्ति से प्रेरित होकर समस्त ब्रह्माण्डों की रचना करते है। देवी-देवता मुझमें उसी प्रकार कल्पित हैं, जैसे रस्सी में सांप कल्पित होता है।

अध्याय तीन
देवी ब्रह्मांडीय रूप

[१] माता ने कहा: हे राजन! यह समस्त चराचर जगत मेरी माया से ही उत्पन्न हुआ है। वास्तव में माया मुझसे भिन्न नहीं है।

[२] व्यावहारिक रूप से देखा जाए तो माया जैसी कोई चीज़ नहीं है, केवल एक शाश्वत आत्मा ही विद्यमान है। मैं वह सबकी आत्मा हूँ।

[३] मैं इस सम्पूर्ण ब्रह्माण्ड को सनातन आत्मा में रचती हूँ और प्राण के रूप में इसमें प्रवेश करती हूँ।

[४] हे पर्वतराज ! जब तक मैं प्राणरूप में निवास न करूँ, तब तक यह जन्म मरण कैसे संभव हो सकता है?

[५] जैसे सूर्य की किरणें पृथ्वी पर विभिन्न वस्तुओं को प्रकाशित करते समय अशुद्ध नहीं होती, उसी प्रकार मैं भी विभिन्न उच्च और निम्न प्राणियों में प्रवेश करते समय अशुद्ध नहीं होती।

[६] अज्ञानी लोग कर्मों को मुझसे जोड़ते हैं, परन्तु यह ज्ञानी जन का विचार नहीं है। मैं समस्त प्राणियों में साक्षी रूप से रहती हूँ।

[७] एक सर्वव्यापी आकाश जो एक पात्र में बंद है, उसे शून्यता कहते हैं। इसी प्रकार एक सर्वव्यापी ईश्वर जो एक शरीर में बंद है, उसे जीव कहते हैं।

[८] जैसे आत्मा माया द्वारा अनेक मानी जाती हैं, किन्तु वास्तव में नहीं। उसी प्रकार देवी-देवता भी माया द्वारा अनेक माने जाते हैं, किन्तु सार रूप में नहीं।

[९] ब्रह्मा, विष्णु और शिव में भेद करने वाली माया ही है। हे राजन! सारा जगत मुझमें समाया हुआ है।

[१०] मैं सूक्ष्म आत्मा हूँ। मैं ही स्थूल ब्रह्मांडीय शरीर भी हूँ। मैं सरस्वती, लक्ष्मी और पार्वती हूँ। मैं दुर्गा, काली और तारा भी हूँ।

[११] मैं सूर्य और चंद्रमा हूँ। मैं पशु और पक्षी भी हूँ। मैं एक निष्कासित हूँ और साथ ही, मैं एक चोर भी हूँ।

[१२] मैं ही पुण्यात्मा हूँ। मैं ही दुष्ट भी हूँ। मैं ही नर, नारी और नपुंसक हूँ। इसमें कोई संदेह नहीं है।

[१३] हे राजन! जहाँ कहीं भी कुछ देखा या सुना जाता है, वहाँ मैं भीतर और बाहर साक्षी रूप में सदैव विद्यमान रहती हूँ।

[१४] जगत बिना पदार्थ के नहीं हो सकता। और वह पदार्थ केवल मैं ही हूँ। इसके अलावा और कुछ नहीं हो सकता।

[१५] मेरे बिना कोई भी चराचर वस्तु नहीं है। अतः मैं ही सब कुछ हूँ।

[१६] हिमवान ने कहा: हे देवी! यदि आप मुझ पर दयालु हैं तो मैं आपके अद्भुत विश्वरूप का दर्शन करना चाहता हूँ।

[१७] मुनि बोले: उनकी प्रार्थना सुनकर सभी देवता प्रसन्न हुए और हिमवान की स्तुति गाने लगे।

[१८] माता ने अपने भक्तों की इच्छा जानकर महान विराट रूप प्रकट किया।

[१९] सूर्य और चंद्रमा उनकी आंखें हैं। दिन और रात उनकी पलकें हैं। दिशाएँ उनके कान हैं। जुड़वा अश्विनी कुमार उनकी नाक हैं। अग्नि उनका मुँह है। मृत्यु उनके बड़े दांत हैं। स्नेह उनके छोटे दांत हैं।

[२०] माया उनकी मुस्कान है। ब्रह्मांड की रचना उनकी तिरछी निगाहें हैं। शील उनका ऊपरी होंठ है। लोभ उनका निचला होंठ है। वेद उनकी वाणी है।

[२१] स्वर्ग और नरक उनके हाथ हैं। ब्रह्माण्ड उनका हृदय है। समुद्र उनका पेट है। प्रजापति उनका प्रजनन अंग है। अधर्म उनकी पीठ है।

[२२] अतीत और भविष्य उनके पैर हैं। बचपन, जवानी और बुढ़ापा उनके चलने के ढंग हैं। दो सांझ उनके वस्त्र हैं।

[२३] पहाड़ उनकी हड्डियां हैं। नदियाँ उनकी नसें हैं, और पेड़ उनके शरीर के बाल हैं। वज्र उनकी जटाएँ हैं।

[२४] हे राजन! ब्रह्मा उनकी सृजनात्मक शक्ति है, विष्णु उनकी पालनकर्ता शक्ति है, और शिव उनकी संहारक शक्ति है।

[२५] देवता गण विस्मय भरी आँखों से उनके विराट रूप को देखने लगे। उनके रूप से हज़ारों अग्नि किरणें निकल रही थीं।

[२६] वह अपने होठों से पूरे संसार को चूमने लगी। दांतों की दो पंक्तियाँ भयानक आवाजें करने लगीं। उनकी आँखों से आग निकल रही थी। उनके हाथों में तरह- तरह के हथियार दिखाई दे रहे थे।

[२७] उस रूप में हजारों सिर और अंग दिखाई दे रहे थे। करोड़ों बिजलियाँ हर जगह चमक रही थीं। वह रूप बड़ा भयानक और भयावह लग रहा था। देवता गण भय से चिल्लाने लगे।

[२८] देवताओं के हृदय काँप उठे और वे भयंकर भय से ग्रसित हो गये। 'यह देवी है, हमारी माता और रक्षक' यह विचार उनके मन से तुरन्त गायब हो गया।

[२९] देवी के चारों ओर स्थित वेदों ने प्रचण्ड ध्वनि से उन देवताओं को जागृत कर दिया, जो अत्यंत भय से मूर्छित हो गये थे।

[३०] देवताओं ने कुछ धैर्य रखकर प्रेमाश्रुओं से भरी हुई आँखों से स्तोत्रों का गान करना आरम्भ किया।

[३१] देवताओं ने कहा: हे देवी! कृपया हमारी गलतियों को क्षमा करें। हमारी रक्षा करें क्योंकि हम आपसे ही उत्पन्न हुए हैं।

[३२] हे माता! कृपा करके क्रोध शांत कीजिए। हम आपके रूप को देखकर बहुत भयभीत हैं। हम अज्ञानी हैं। हम आपसे क्या प्रार्थना कर सकते हैं?

[३३] आपकी शक्तियाँ और स्वरूप को बड़े-बड़े ऋषि भी पूर्णतया नहीं समझ पाए, फिर हम लोग उन्हें कैसे समझ सकेंगे?

[३४] सनातन माता को नमस्कार हैं! आप ही एकमात्र ऐसी हैं जिसको वेदान्त में सर्वोच्च माना गया है।

[३५] हे माता! आप ही से अग्नि, सूर्य और चन्द्रमा उत्पन्न हुए हैं। सभी औषिधियाँ भी आप ही से उत्पन्न हुई हैं।

[३६] आप से ही समस्त सुर, असुर, पशु, पक्षी और मनुष्य उत्पन्न हुए हैं। उस सर्वेश्वरी को नमस्कार है!

[३७] हम आपके स्वरूप महामाया को प्रणाम करते हैं जिनसे प्राण, भोजन और पेय उत्पन्न हुए हैं; जो तप, श्रद्धा, सत्य, संयम और नियमों का स्रोत हैं।

[३८] आपके उस विश्वरूप को नमस्कार है जिनसे सारे समंदर, सारे पर्वत, सारी नदियाँ तथा सारी वनस्पतियां उत्पन्न हुई हैं। हम आपके उस विराट रूप को नमन करते हैं जिनसे यज्ञ, दान और मन्त्र उत्पन्न हुए हैं।

[३९] हे महामाया! हम आपके सामने, पीछे, दोनों तरफ, ऊपर, नीचे तथा सभी तरफ प्रणाम करते हैं।

[४०] हे माता! कृपया अपना यह असाधारण भयानक रूप वापस ले लीजिए। कृपया हमें अपना दयालु और सुंदर मनोहर रूप दिखाइए।

[४१] ऋषि बोले: देवताओं को इतना भयभीत देखकर जगत माता ने दया करके अपना भयानक रूप वापस ले लिया और सम्पूर्ण जगत को प्रसन्न करने वाला अपना सुन्दर रूप दिखाया।

[४२] उनका शरीर कोमल हो गया। एक हाथ में पाश पकड़ रखा था और दूसरे में अंकुश। बाकी दोनों हाथ भय दूर करने और वरदान देने की मुद्रा बना रहे थे। उनकी आँखों से दया की किरणें निकल रही थीं और उनका चेहरा सुंदर मुस्कान से सुशोभित था।

[४३] माता के उस सुन्दर रूप को देखकर देवताओं का भय सर्वथा दूर हो गया । उनके मन को शांति प्राप्त हुई। वे आनन्द से अभिभूत हो गये।

अध्याय चार
ज्ञान का योग

[१] शक्ति ने कहा: हे देवताओं! तुम लोग इस अद्भुत विराट रूप को देखने के योग्य नहीं हो। किन्तु भक्तों के प्रति मेरा स्नेह ही है कि मैंने तुम्हें अपना यह महान स्वरूप दिखाया है।

[२] वेदों का अध्ययन, योग, तपस्या या कोई भी अन्य विद्या इस रूप को प्रकट करने में असमर्थ हैं। मेरी कृपा के बिना कोई भी इस रूप को नहीं देख सकता।

[३] हे राजन! अब ध्यानपूर्वक उपदेश सुनो। माया द्वारा रचित इस जगत में आत्मा ही एकमात्र वास्तविक है।

[४] नित्य निष्काम ईश्वर ही कर्तापन ग्रहण करके जीव बन जाता है। फिर जीव अनेक कर्म करता है, जिनसे पुण्य और पाप उत्पन्न होते हैं।

[५] जीव निरंतर कार्यों में लगा रहता है, जिसके कारण उसे अनेक प्रकार के शरीर प्राप्त होते हैं, तथा वह अपने कर्मों के अनुसार सुख दुख भोगता है।

[६] एक चक्र की तरह जो निरंतर घूमता रहता है, जन्म और मृत्यु का चक्र अंतहीन है। अज्ञान ही इस चक्र का मूल कारण है। अज्ञान से ही इच्छा उत्पन्न होती है और कर्म उसके बाद होता है।

[७] मनुष्य को अज्ञान से छुटकारा पाने के लिए अथक प्रयास करना चाहिए। हे राजन! इस अज्ञान के नष्ट होने पर ही जीवन का लक्ष्य प्राप्त होता है।

[८] जब जीव जीवित रहते मुक्त हो जाता है, तब उसे सर्वोच्च लक्ष्य की प्राप्ति होती है। केवल दिव्य ज्ञान ही इस महाअज्ञान को नष्ट कर सकता है।

[९] जैसे अंधकार अंधकार को दूर नहीं कर सकता। वैसे ही अज्ञान से उत्पन्न कर्म स्वयं अज्ञान है। अतः यह आशा करना व्यर्थ है कि असंख्य कर्म करने से अज्ञान नष्ट हो सकता है।

[१०] कर्म व्यर्थ हैं क्योंकि जीव अपने कर्मों से अधिकाधिक भोग चाहता है। इस इच्छा से आसक्ति उत्पन्न होती है जो महान विपत्ति का कारण बनती है।

[११] शास्त्रों में कहा गया है कि मोक्ष केवल दिव्य ज्ञान से मिलता है। इसलिए मनुष्य को ज्ञान प्राप्त करते हुए सौ वर्ष जीने का प्रयास करना चाहिए।

[१२] शास्त्रों में ऐसे कर्म करने की सलाह दी गई है जिससे ज्ञान की प्राप्ति हो। इसलिए कर्म और ज्ञान एक दूसरे के पूरक हो सकते हैं।

[१३] बुद्धिमान लोग कहते हैं कि कर्म और ज्ञान का सह-अस्तित्व उसी प्रकार संभव नहीं है, जैसे अंधकार और प्रकाश को एक साथ नहीं लाया जा सकता।

[१४] हे राजन! अपने सभी कर्म मुझे समर्पित कर दो और तब तक निरन्तर काम करो जब तक मन की पूर्ण शुद्धि न हो जाये।

[१५] वैराग्य और संयम पवित्रता में उत्पन्न होते हैं। इसलिए जब तक वह बिंदु प्राप्त नहीं हो जाता, तब तक आपको काम करना होगा। जब आप पवित्रता प्राप्त कर लेते हैं, तो कर्मों की आवश्यकता नहीं होती।

[१६] जब मन की शुद्धि हो जाए तो साधक को पूर्ण श्रद्धा के साथ गुरु की शरण लेनी चाहिए।

[१७] साधक को दिन-रात आलस्य रहित होकर केवल वेदान्त का श्रवण, मनन और गहन चिंतन करना चाहिए।

[१८] जब परमात्मा का साक्षात्कार हो जाता है, तो फलस्वरूप निर्भयता उत्पन्न होती है और तब तुम शाश्वत अवस्था को प्राप्त करते हो।

[१९] वेदान्त का अध्ययन करते समय तुम्हें पहले प्रत्येक शब्द का अर्थ समझना चाहिए, फिर वाक्य का अर्थ उसकी संपूर्णता में समझना चाहिए। यदि तुम इस प्रकार अभ्यास करोगे तो शाश्वत आत्मा का ज्ञान तुमसे बहुत दूर नहीं रहेगा।

[२०] आत्मा और परमात्मा एक ही हैं। दोनों शब्दों का सार शुद्ध चेतना है। अज्ञानता के कारण वे भिन्न प्रतीत होते हैं। इस प्रकार एकता को महसूस करके, जीवात्मा द्वैत से परे हो जाती है और शाश्वत आनंद को प्राप्त करती है।

[२१] बुद्धिमान आत्मा और परमात्मा की एकता को देखते हैं। हालांकि, दोनों शब्दों का अर्थ अलग-अलग है। इसलिए शब्दों का सार स्थापित शास्त्रों के अनुसार ही समझना चाहिए।

[२२] मैं निराकार, सर्वव्यापी और सब की साक्षी हूँ। मेरा आकर्षक शरीर मल-मूत्र की थैली के अलावा और कुछ नहीं है। शरीर के अंग कुछ और नहीं बल्कि त्वचा, मांस, खून तथा हड्डी हैं, जो घृणित पदार्थों से भरे हुए हैं। इसलिए यह शरीर प्यार करने या जुड़ने योग्य नहीं हैं।

[२३] स्थूल शरीर माया से भरा हुआ है। इसलिए यह मिथ्या होते हुए भी वास्तविक प्रतीत होता है। हे राजन! इसे मेरी प्रथम सीमा समझो।

[२४] पाँच ज्ञानेन्द्रियाँ, पाँच कर्मेन्द्रियाँ, पाँच वायु और चार अंतःकरण; ये मिलकर सूक्ष्म शरीर बनाते हैं। सूक्ष्म शरीर सुख और दुःख का अनुभव करता है। इसलिए यह मेरी दूसरी सीमा है।

[२५] अज्ञान के कारण बीज रूप में संग्रहित सुप्त प्रवृत्तियाँ मेरी तीसरी सीमा है। यह कारण शरीर के रूप में प्रकट होती है।

[२६] जब सभी सीमाएँ समाप्त हो जाती हैं, तो केवल परमात्मा ही शेष रहते है। शरीर के भीतर पाँच कोश हमेशा विद्यमान रहता हैं।

[२७] जब आत्म-जांच की विधि का उपयोग करके पांच शारीरिक कोशों को त्याग दिया जाता है, तो आत्मा का एहसास होता है।

[२८] आत्मा न तो जन्म लेती है, न ही मरती है। शरीर के मारे जाने पर भी वह नहीं मरती। वह अजन्मा, शाश्वत और चिरस्थायी है।

[२९] यदि एक आत्मा को मारना चाहता है और दूसरा सोचता है कि उसे मारा जा सकता है, तो वे दोनों अज्ञानी हैं।

[३०] सूक्ष्म से भी सूक्ष्म और महान से भी महान आत्मा प्रत्येक प्राणी के हृदय में निवास करती है। जो व्यक्ति कामना और शोक से मुक्त है, वही इसकी महिमा को समझ सकता है।

[३१] आत्मा को स्वामी और शरीर को रथ जानो । मन को लगाम और बुद्धि को सारथी जानो। इन्द्रियाँ घोड़ों के समान है। वे निरंतर एक विषय से दूसरे विषय पर भटकती रहतीं हैं और मन भोक्ता है।

[३२] जो लोग विवेकहीन और अशुद्ध होते हैं, उन्हें आत्मा का साक्षात्कार नहीं होता । वे शरीर और मन से बंधे रहते हैं।

[३३] जो विवेकशील और शुद्ध होते है, वह उस आत्मा को जान लेते है, जहाँ से फिर कोई वापसी नहीं होती।

[३४] जिसकी बुद्धि सारथी है और जो मन की लगाम पकड़कर इन्द्रियों को वश में रखता है, वह निश्चय ही मेरे परम पद को प्राप्त होता है।

[३५] मनुष्य को सदैव श्रवण, मनन और चिन्तन द्वारा शाश्वत आत्मा के स्वरूप को समझने के लिए गहन ध्यान करना चाहिए।

[३६] जब ऊपर बताए अनुसार निरंतर अभ्यास से मनुष्य आत्मा में लीन होने

के योग्य हो जाए, तो उसके ठीक पहले उसे माया के बीज मंत्र के अलग-अलग अक्षरों का अर्थ समझ लेना चाहिए।

[३७] बीज मंत्र हीं के चार बीज हैं; ह, र, ई और म। 'ह' अक्षर का अर्थ है स्थूल शरीर, 'र' अक्षर का अर्थ है सूक्ष्म शरीर, 'ई' अक्षर का अर्थ है कारण शरीर, और 'म' बिंदु द्वारा दर्शाई गई चौथी अवस्था है।

[३८] बुद्धिमान मनुष्य को चाहिए कि वह ब्रह्माण्डीय शरीर में स्थित तीन बीजों का ध्यान करें तथा उनके बीच सम्बन्ध स्थापित करने का प्रयत्न करे।

[३९] उपरोक्त बातों पर ध्यान पूर्वक विचार करके मनुष्य को अपनी आँखें बंद करनी चाहिए और मेरा ध्यान करना चाहिए।

[४०] हे राजन! सांसारिक इच्छाओं पर पूर्ण विराम लगाकर, मनुष्य को श्वास और प्रश्वास को समान करना चाहिए।

[४१] सच्ची भक्ति के साथ हमें अपने स्थूल शरीर को, जिसे 'ह' अक्षर से दर्शाया जाता है, 'र' जो सूक्ष्म शरीर है, में विलीन कर देना चाहिए।

[४२] 'र' द्वारा निरूपित सूक्ष्म शरीर को 'ई' अर्थात कारण शरीर में विलीन कर देना चाहिए। फिर 'ई' द्वारा निरूपित कारण शरीर को 'म' में विलीन कर देना चाहिए, जो चौथी अवस्था है जहाँ कोई वाणी नहीं होती।

[४३] चौथी अवस्था सभी द्वन्द्वों से मुक्त है । यह अस्तित्व, ज्ञान और आनंद का

स्वरूप है। चेतना की ज्वाला के बीच में इसका चिंतन करें।

[४४] हे राजन! उपर्युक्त ध्यान का अभ्यास करके कोई भी व्यक्ति मुझे प्रत्यक्ष रूप से अनुभव कर सकता है और मेरे साथ एक हो सकता है।

[४५] इस प्रकार दृढ़ निश्चयी बुद्धिमान व्यक्ति योगाभ्यास द्वारा शाश्वत आत्मा को प्राप्त कर लेता है और अज्ञान को तत्काल नष्ट कर देता है।

अध्याय पाँच
योग और मंत्र

[१] हिमवान ने कहा: हे माता! अब आप मुझे सम्पूर्ण अंगों सहित उस योग के विषय में बताइये, जिसके अभ्यास से परमात्म-तत्त्व का ज्ञान होता है।

[२] देवी ने कहा: योग न तो स्वर्ग में है, न पृथ्वी पर और न ही नीचे के लोकों में। जो लोग जानते हैं, वे कहते हैं कि आत्मा और परमात्मा की एकता का बोध ही योग कहलाता है।

[३] हे निष्पाप ! योग के आठ शत्रु हैं - लज्जा, भय, इच्छा, क्रोध, लोभ, मोह, मान और ईर्ष्या। योगी जन योग के आठ अंगों का अथक अभ्यास करके इन आठ शत्रुओं को परास्त कर देते हैं।

[४] योग के आठ अंग हैं - यम, नियम, आसन, प्राणायाम, प्रत्याहार, धारणा, ध्यान, और समाधि।

[५] दस यम हैं - अहिंसा, ब्रह्मचर्य, सत्य, अस्तेय, अपरिग्रह, सरलता, धैर्य, क्षमा, दया, तथा अल्पाहार।

[६] दस नियम हैं - आत्मा में विश्वास, शास्त्रों का अध्ययन, विनम्रता, संतोष, स्वच्छता, आत्मनिरीक्षण, मंत्र जप, तप, उपवास, और दान।

[७] कुल पाँच आसन हैं जिनका अभ्यास रोजाना किया जाना चाहिए; पद्मासन, स्वस्तिकासन, भद्रासन, वज्रासन और वीरासन।

[८] पद्मासन में पैरों को क्रॉस करके बैठना, पैरों को विपरीत जांघों पर रखना और फिर आराम से सीधे बैठना शामिल है।

[९] पद्मासन हमेशा उन्नत योगियों द्वारा करने की सलाह दी जाती हैं। इस आसन का उपयोग करके शरीर को हवा में उठाया जा सकता है।

[१०] पैरों के तलवों को पूरी तरह जांघों के नीचे रखें, शरीर को सीधा रखें और आराम से बैठें। इसे स्वस्तिकासन कहते हैं।

[११] भद्रासन में एडीओ को गुदा के पास रखकर सीधे बैठकर हाथों से एडीओ को पकड़ना होता है। यह आसन योगियों को बहुत पसंद है।

[१२] वज्रासन में नितंबों को एडीओ पर टिकाकर हाथों को जांघों पर रखना और फिर आराम से सीधे बैठना शामिल है।

[१३] वीरासन में कूल्हों पर क्रॉस करके बैठना और शरीर को सीधा रखते हुए आराम से बैठते हुए नितंबों को ज़मीन पर टिकाना शामिल है।

[१४] सोलह बार गिनने तक बाएं नथुने से सांस अंदर लें । फिर, चौसठ बार गिनने तक उसे मजबूती से रोके रखें। अंत में, बत्तीस बार गिनने तक दाएं नथुने से धीरे-धीरे सांस बाहर छोड़ें। फिर से, उसी क्रम में प्रक्रिया को दोहराएं।

[१५] सांस लेने, रोकने, और छोड़ने की पूरी प्रक्रिया को दोहराना प्राणायाम कहलाता है। प्रत्येक सांस अंदर लेते समय 'सो' का जाप करें और प्रत्येक सांस बाहर छोड़ते समय 'हं' का जाप करें।

[१६] योगी को साँस पर नियंत्रण का अभ्यास करते समय उसे मानसिक रूप से दोहराना चाहिए। सोहं मंत्र दो शब्दों से बना है; 'सः' जिसका अर्थ है 'वह' और 'अहं' जिसका अर्थ है 'मैं'।

[१७] जब श्वास-नियंत्रण का बारम्बार अभ्यास किया जाता है, तो सबसे पहले पसीना आता है, जब वह सबसे कम अवस्था में होता है; जब शरीर कांपने लगता है, तो उसे मध्यम अवस्था कहते हैं; और जब व्यक्ति जमीन को छोड़कर हवा में ऊपर उठता है, तो उसे सबसे ऊंची अवस्था कहते हैं।

[१८] इन्द्रियाँ अपने विषयों की ओर स्वतः ही यात्रा करती हैं, मानो उन्हें रोकने वाला कोई न हो। इन्द्रियों को रोकना और उन्हें उन विषयों से हटाना ही प्रत्याहार कहलाता है।

[१९] पांव के अंगूठे, एडीयां, घुटने, जांघ, जननेन्द्रिय, नाभि, हृदय, कंठ, नाक, भौंहों के बीच और सिर के ऊपर; इन ग्यारह स्थानों पर प्राण शक्ति को रोकना ही धारणा कहलाता है।

[२०] एक दिव्य प्रकाश पर धारणा के माध्यम से स्वयं पर निरंतर चिंतन की स्थिति को ध्यान कहा जाता है।

[२१] समाधि ईश्वर के साथ पूर्ण तादात्म्य की अवस्था है जिसमें आत्मा और परमात्मा में कोई अंतर नहीं रह जाता।

[२२] इस प्रकार मैंने योग के आठों अंगों का विस्तारपूर्वक वर्णन किया है।

[२३] स्थूल शरीर सूर्य, चंद्रमा और तारों का सार है, जो पंचतत्वों से बना है।

[२४] मानव शरीर में बहत्तर हज़ार नाड़ियाँ हैं; जिनमें से दस प्रमुख हैं। दस में से भी तीन सबसे महत्वपूर्ण है।

[२५] तीनों में सबसे प्रमुख है सुषुम्ना, जो रीढ़ की हड्डी के बीच में स्थित है। इसके बाईं ओर स्त्री प्रकृति की इड़ा है, जो चंद्रमा का प्रतिनिधित्व करती है। दाईं ओर पुरुष प्रकृति की पिंगला है, जो सूर्य का प्रतिनिधित्व करती है।

[२६] सुषुम्ना नाड़ी के सबसे भीतरी क्षेत्र में एक मकड़ी के जाल जैसी संरचना होती है, जो रीढ़ के आधार पर स्थित होती है। उसके ऊपर माया का बीज मंत्र है, जो 'ह', 'र', 'ई' और 'म' द्वारा दर्शाया गया है।

[२७] उसके ऊपर कुंडलिनी शक्ति ज्वाला के समान प्रकट होती है। इसे मेरा सार बताया गया है।

[२८] इसके बाहर लाल रंग का चार पंखुड़ियों वाला कमल है जिसमें चार अक्षर 'व', 'श', 'ष', 'स' चिन्हित हैं। इस कमल को मूलाधार चक्र कहा जाता है, जो अन्य सभी कमलों का आधार है।

[२९] इसके ऊपर नारंगी रंग का स्वाधिष्ठान चक्र है, जो हीरे की तरह चमकता है और इसकी छह पंखुड़ियाँ हैं जो छह अक्षरों 'ब', 'भ', 'म', 'य', 'र', 'ल' का प्रतिनिधित्व करती हैं।

[३०] इसके ऊपर मणिपुर चक्र है जिसका रंग पीला है और जो बहुत उग्र है। इसमें दस पंखुड़ियाँ हैं जो दस अक्षरों 'ड', 'ढ', 'ण', 'त', 'थ', 'द', 'ध', 'न', 'प', 'फ' का प्रतिनिधित्व करती हैं।

[३१] यह कमल पूर्ण विकसित मोती जैसा दिखता है इसलिए इसे 'मणिपद्म' भी कहा जाता है। भगवान विष्णु यहाँ निवास करते हैं।

[३२] इसके ऊपर हरा रंग वाला अनाहत चक्र है, जिसमें बारह पंखुड़ियाँ हैं जो बारह अक्षरों 'क', 'ख', 'ग', 'घ', 'ङ', 'च', 'छ', 'ज', 'झ', 'ञ', 'ट', 'ठ' का प्रतिनिधित्व करती हैं।

[३३] यह कमल बिना चोट के ध्वनि उत्पन्न करता है, तथा हृदय में स्थित है। यहाँ भगवान शिव का निवास है। यह चक्र आम लोगों में बहुत प्रसिद्ध है।

[३४] इसके ऊपर सोलह पंखुड़ियों वाला विशुद्ध चक्र स्थित है जिसमें सोलह अक्षर 'अ', 'आ', 'इ', 'ई', 'उ', 'ऊ', 'ऋ', ' ॠ', 'ऌ', 'ॡ', 'ए', 'ऐ', 'ओ', 'औ', 'अं', 'अः' चिन्हित हैं।

[३५] यह कमल धुएँ के समान नीले रंग का, अत्यंत चमकीला और कंठ में स्थित है। जीव यहाँ दिव्यता का अनुभव करता है और शुद्ध हो जाता है।

[३६] उसके ऊपर, भौहों के बीच, दो अक्षर 'ह' और 'क्ष' से युक्त दो पंखुड़ियों वाला सुंदर आज्ञा चक्र स्थित है।

[३७] जब लोग यहाँ स्थित होते हैं, तो वे सब कुछ देख सकते हैं। भूत, वर्तमान और भविष्य को जान सकते हैं। साथ ही, उन्हें सीधे ईश्वर से आदेश मिलने लगता हैं।

[३८] योगी जन कहते हैं कि सबसे ऊपर सहस्त्र पंखुड़ियों वाला सहस्रार चक्र है, जो पराशक्ति का निवास स्थान है। हे राजन! इस प्रकार मैंने योग की ओर ले जाने वाले सर्वोत्तम मार्ग की घोषणा की है।

[३९] सबसे पहले श्वास-प्रश्वास प्रक्रिया द्वारा मन को मूलाधार पर स्थिर करें। फिर गुदा और जननांगों के बीच वायु का उपयोग करके कुंडलिनी ऊर्जा को सिकोड़ें और जगाए।

[४०] सिर के मुकुट पर स्थित हजार पंखुड़ियों वाले कमल तक विभिन्न चक्रों को भेदकर व्यक्ति सर्वोच्च अवस्था को प्राप्त करता है।

[४१] परिणामस्वरूप, एक प्रकार का अमृत उत्पन्न होता है। आनन्द का वह अमृत, बुद्धिमान योगी माया को प्रदान करते हैं, बदले में योग के मार्ग में सफलता प्राप्त करते हैं।

[४२] उस अमृत के प्रसाद से छह चक्रों में सभी देवताओं को प्रसन्न करने के बाद, योगी ऊर्जा को मूलाधार में वापस लाता है।

[४३] हे बालक! प्राणायाम का अभ्यास सबसे अधिक महत्वपूर्ण है। इसमें कोई संदेह नहीं है। इस प्रकार मैंनें सबसे उत्तम योग का वर्णन किया है।

[४४] अब तुम मुझसे एकाग्रता का योग सुनो। मेरे परम प्रकाश पर मन को स्थिर करने से आत्मा और परमात्मा का मिलन शीघ्र हो जाता है।

[४५] यदि मन अशुद्धियों के कारण योग में सफल नहीं हो रहा हो, तो योगी को 'अवयव योग' अपनाना चाहिए।

[४६] हे राजन! भक्त को चाहिए कि वह अपने मन को मेरे चरण कमलों, कोमल हाथों तथा अन्य अंगों पर एक-एक करके स्थिर करे । इस प्रकार मन शुद्ध हो जाएगा। फिर उस शुद्ध मन को मेरे सम्पूर्ण शरीर पर स्थिर करे।

[४७] योगी को मंत्रों के साथ तब तक अभ्यास करना चाहिए जब तक कि मन मुझमें, या मेरी चेतना में विलीन न हो जाए।

[४८] मन्त्रों के अभ्यास से वेदों में बताई गई बात, ज्ञान में परिवर्तित होती है।

[४९] यह निश्चय जानो कि योग के बिना मंत्र व्यर्थ हैं और मंत्र के बिना योग व्यर्थ है। मंत्र और योग सच्चे आत्म-साक्षात्कार के दो अचूक साधन हैं।

[५०] जैसे अंधकार से घिरा हुआ घड़ा दीपक द्वारा दिखाई देता है, वैसे ही माया से घिरा हुआ आत्मा मंत्र द्वारा प्रकाशित होता है।

[५१] तुम्हें गुरु के मुख से ही शिक्षा ग्रहण करनी चाहिए अन्यथा लाखों शास्त्र भी तुम्हें शाश्वत आत्मा का सच्चा साक्षात्कार नहीं करा सकेंगे।

अध्याय छ
स्वयं का ज्ञान

[१] शक्ति बोलीं: हे हिमवान! मनुष्य को सुख पूर्वक आसन ग्रहण करके निष्कपट भक्ति से मेरा ध्यान करना चाहिए।

[२] सत्य प्रत्यक्ष और निकट है। साथ ही, सभी प्राणियों के हृदय में व्याप्त है। यही सुविख्यात सर्वोच्च लक्ष्य है।

[३] वह अस्तित्व और असत् से परे है, ज्ञान से भी ऊँचा है। वह सभी के लिए सर्वश्रेष्ठ आराधना है। वह छोटे से भी छोटा है, फिर भी सभी लोकों का आधार है। वह अविनाशी 'ब्रह्म' है।

[४] यही ज्ञान का निर्माण और प्रकट करता है। यह वास्तविक और अमर है। जान लो कि यह संपूर्ण सृष्टि का एकमात्र लक्ष्य है।

[५] शास्त्र रूपी धनुष लेकर, एकाग्रता से तीक्ष्ण किये हुए मन रुपी बाण को अविनाशी आत्मा को लक्ष्य बनाकर चलाना चाहिए।

[६] लक्ष्य केवल उनके द्वारा प्राप्त किया जाता है जो शाश्वत आत्मा के बारे में सुनने, सोचने, और चिंतन करने में हमेशा डूबे रहते हैं।

[७] परमात्मा ही सबका आधार है। अन्य सभी विचारों को त्याग दो क्योंकि परमात्मा ही मनुष्यों का एकमात्र आश्रय है।

[८] उस परमात्मा का ज्ञान प्राप्त करने के लिए ॐ का उसके सभी गुणों सहित ध्यान करो। इस प्रकार तुम्हारा कल्याण सुनिश्चित होगा।

[९] इन्द्रियों के मार्गदर्शक और मन के नियंत्रक के रूप में परमात्मा का ध्यान करना चाहिए। जब वह अस्तित्व और आनन्द के रूप में प्रकट होते है, तो मन की पवित्रता के माध्यम से उनका अनुभव किया जाता है।

[१०] जब आत्मा का साक्षात्कार हो जाता है तो सभी संदेह पूरी तरह से दूर हो जाते हैं और पिछले कर्मों के सभी फल नष्ट हो जाते हैं।

[११] ब्रह्म अविभाज्य और सर्वोच्च सत्य है। सत्य का ज्ञाता उसे सभी दिशाओं में व्याप्त पाता है; आगे और पीछे, दाएँ और बाएँ, ऊपर और नीचे।

[१२] जो सनातन आत्मा में पूर्णतया लीन रहता है, वह सदैव संतुष्ट रहता है और सब में श्रेष्ठ माना जाता है। वह न कभी शोक करता है, न कभी किसी वस्तु की इच्छा ही रखता है।

[१३] हे हिमवान! भय द्वैत के विचार से ही उत्पन्न होता है। जहाँ द्वैत नहीं है, वहाँ भय भी नहीं रहता। चूँकि मैं आत्मा से अलग नहीं हूँ, इसलिए आत्मा भी मुझसे अलग नहीं है।

[१४] हे राजन! जान लो कि मैं ही सनातन हूँ। मेरा दर्शन केवल वहीं संभव है, जहाँ मेरे भक्त मेरा भजन करते हैं और बुद्धिमान लोग मेरे तत्व में विचरण करते हैं। मैं न तो किसी तीर्थस्थान, न ही कैलाश, वैकुंठ या अन्य किसी स्थान पर निवास करती हूँ। मैं अपने भक्त के हृदय कमल में हमेशा रहती हूँ।

[१५] जो भी मनुष्य मेरे सच्चे स्वरूप को जानकर एक बार भी मेरी पूजा करता है, उसे करोड़ गुना फल मिलता है। उसका परिवार धन्य हो जाता है और सारा कुल पवित्र हो जाता है।

[१६] हे हिमवान! तुमने आत्मज्ञान के विषय में जो कुछ पूछा था, वह सब मैंने कह दिया। अब आगे वर्णन करने योग्य कुछ भी शेष नहीं है। जिसका हृदय परम चैतन्य में पूर्णतया लीन हो गया है, वह सम्पूर्ण जगत को पवित्र कर देता है। इसमें कोई संदेह नहीं है।

[१७] यह दिव्य ज्ञान केवल उन्हीं को दिया जाना चाहिए जो अच्छे चरित्र वाले हो, प्रामाणिक शास्त्रों के जानकार हो, और किसी देवी-देवता के प्रति पूर्णतया समर्पित हों। अन्य किसी भी प्रकार के व्यक्ति को यह ज्ञान नहीं देना चाहिए।

[१८] जो इस ज्ञान का उपदेश दूसरों को देता है, वह स्वयं परमात्मा है। ऐसे गुरु का ऋण कभी भी नहीं चुकाया जा सकता।

[१९] शास्त्रों में गुरु को माता-पिता से भी ऊंचा स्थान दिया गया है क्योंकि गुरु द्वारा दिया गया दूसरा जन्म शाश्वत और अविनाशी होता है।

[२०] शास्त्रों का निष्कर्ष है कि जो गुरु शाश्वत आत्मा का ज्ञान देता है, वह ही सर्वोच्च है।

[२१] जब देवता नाराज़ हो जाये, तो गुरु रक्षा कर सकते हैं। लेकिन जब गुरु नाराज़ हो जाये, तो स्वयं देवता भी हमें नहीं बचा सकते । इसलिए गुरु की सेवा तन, मन और वचन से करनी चाहिए। निश्चय ही गुरु के सिवा कोई भी हमारी रक्षा नहीं कर सकता।

[२२] हे हिमवान! दिव्य ज्ञान प्राप्त करना बहुत कठिन है। अब एक कथा सुनो। अथर्वण कुल के एक मुनि ने इन्द्र से परम ज्ञान के लिए प्रार्थना की।

[२३] इंद्र ने कहा: मैं तुम्हें शाश्वत ज्ञान दूंगा लेकिन अगर तुमने इसे किसी को भी दिया तो मैं तुम्हारा सिर काट दूंगा। वह इस बात पर सहमत हो गये और इंद्र ने उन्हें सर्वोच्च ज्ञान दिया।

[२४] कुछ दिनों के बाद अश्विनी कुमार उनके पास आए और दिव्य ज्ञान के लिए प्रार्थना की। उन्होंने विनम्रता पूर्वक उनकी प्रार्थना ठुकरा दिया कि यदि उन्होंने यह ज्ञान किसी को दिया तो उनका सिर काट दिया जाएगा।

[२५] कुमारों ने कहा: हम आपका सिर काटकर कहीं और रख देंगे, और आपके धड़ पर घोड़े का सिर लगा देंगे। उस सिर से हमें ज्ञान दीजिए और जब इंद्र आपका सिर काटेंगे, तब हम आपका पुराना सिर लगा देंगे। संत उनकी बुद्धि से प्रसन्न हुए और उन्हें परम ज्ञान दिया। यह कहानी वेदों में व्यापक रूप से प्रचलित है।

अध्याय सात
भक्ति का योग

[१] हिमवान ने कहा: हे माता! अब आप मुझे भक्ति योग का वर्णन करें, जिसके द्वारा वैराग्य रहित सामान्य मनुष्य भी उस सनातन आत्मा को जान लेता है।

[२] देवी ने कहा: हे राजन! मोक्ष प्राप्ति के लिए दो मार्ग चिर काल से प्रयोग में हैं। एक ज्ञान मार्ग है और दूसरा भक्ति मार्ग है।

[३] दोनों मार्गों में से भक्ति मार्ग सबसे उपयुक्त है क्योंकि कोई भी व्यक्ति शरीर को कष्ट दिए बिना मन को परमात्मा पर केन्द्रित करके इसका अभ्यास कर सकता है। भक्ति तीन प्रकार की होती है कि प्रकृति में तीन गुण होते हैं।

[४] जब कोई अहंकार, ईर्ष्या और क्रोध से भरकर दूसरों को हानि पहुँचाने के लिए मेरी पूजा करता है। उसे तामसिक भक्ति कहते हैं।

[५] जब कोई अपनी कामनाओं की पूर्ति के लिए मेरी पूजा करता है, परंतु दूसरों को हानि पहुँचाने की इच्छा नहीं रखता। उसे राजसिक भक्ति कहते हैं।

[६] काम, धन और बल की इच्छा रखने वाला राजसिक व्यक्ति, खुद को मुझसे भिन्न मान कर, बड़ी भक्ति से मेरी पूजा करता है।

[७] जब कोई अपने पापों को शुद्ध करने के लिए मेरी पूजा करता हैं, अपने सभी कर्म और उनके फल भी मुझे समर्पित करता हैं। इसे सात्त्विक भक्ति कहा जाता है।

[८] सात्त्विक भक्त खुद को मुझसे पृथक मानकर प्रेम वश सारे कर्म करते हैं।

[९] सात्त्विक भक्ति परम भक्ति की ओर ले जाती है। राजसिक और तामसिक भक्ति परम भक्ति की ओर नहीं ले जाती क्योंकि वे स्वार्थ से दूषित हैं।

[१०] अब तुम उस परम भक्ति के विषय में ध्यानपूर्वक सुनो जिसका वर्णन मैं करने जा रही हूँ।

[११] जो लोग सदैव मेरी महिमा सुनते हैं और मेरे नामों का कीर्तन करते हैं, उनमें समस्त सत गुण उसी प्रकार प्रवाहित होते हैं, जैसे तेल की धारा बर्तन में प्रवाहित होती रहती है।

[१२] जो केवल मेरी ही भक्ति करते हैं, मेरी ही पूजा करते हैं, और मेरी सेवा के अतिरिक्त अन्य किसी वस्तु को नहीं जानते। उन्हें मोक्ष में भी कोई रुचि नहीं होती । वे अथक रूप से मेरा ही चिंतन करते रहते हैं। वे मुझे खुद से पृथक नहीं जानते। अतः वे ही मेरे परम भक्त हैं।

[१३] वे सभी प्राणियों को अपने समान मानते हैं और मुझे खुद से भी ज्यादा प्यार करते हैं। वे प्राणियों और मुझमें कोई अंतर नहीं देखते क्योंकि वे एक ही चेतना को सर्वत्र और सभी में विद्यमान पाते हैं।

[१४] वे किसी से भी नहीं लड़ते क्योंकि उन्होंने द्वैत सम्बंधित सभी विचारों को त्याग दिया है। वे सदैव अधम से लेकर परम प्राणियों तक को नमन करते हैं तथा उनकी पूजा करते हैं। वे कभी किसी को हानि नहीं पहुंचाना चाहते।

[१५] जब भी वे मेरे तीर्थों और मेरे भक्तों को देखते हैं, मेरे लीलाओं का वर्णन करते शास्त्रों को सुनते हैं, और जब भी वे मेरे मंत्रों का ध्यान करते हैं, तो वे मेरी भक्ति में डूब जाते हैं।

[१६] मेरे प्रेम से अभिभूत होकर उनके रोंगटे खड़े हो जाते हैं और उनकी आँखों से आँसू निरंतर बहते रहते हैं। वे प्रेम की भावनाओं से भरी हुई वाणी में मेरे नाम का जप और मेरे लीला का पाठ करते हैं।

[१७] हे राजन! वे मुझे जगदम्बा और समस्त कारणों की कारण मानकर पूजते हैं। वे मेरे सभी व्रतों और यज्ञों का सम्मान करते हैं।

[१८] वे स्वाभाविक रूप से मेरे उत्सव मनाने के लिए उत्सुक रहते हैं और उन स्थानों पर जाने के लिए भी जहां मेरे उत्सव मनाए जाते हैं।

[१९] वे मेरा नाम जोर-जोर से गाते हैं और मेरे प्रेम में मतवाले होकर नाचते हैं, उनमें अहंकार का विचार नहीं रहता और वे शारीरिक भावनाओं से रहित हैं।

[२०] वे सोचते हैं कि कर्म के नियम के अनुसार उनके पिछले कर्मों का जो भी परिणाम होगा, वह बिना किसी संदेह के अवश्य ही प्रकट होगा। इसलिए उन्हें भविष्य की चिंता न करके अपने वर्तमान कर्म पर ध्यान केन्द्रित करना चाहिए।

[२१] जिस व्यक्ति का हृदय परम भक्ति से भरा होगा, वह जल्दी ही मेरी चेतना में लीन हो जाएगा। ऋषि चेतना की इस अवस्था को ज्ञान कहते हैं। जब यह ज्ञान उत्पन्न होता है तब भक्ति और वैराग्य अपने लक्ष्य प्राप्त कर लेते हैं।

[२२] जब किसी के पूर्व कर्मों के कारण अहंकार उत्पन्न हो जाता है, यद्यपि वह मनुष्य अपनी समस्त कर्मों के फलों का त्याग कर चुका होता है। तब परम ज्ञान उत्पन्न नहीं होता, परन्तु वह मनुष्य मेरी भक्ति के कारण मेरे परम धाम को जाता है।

[२३] वह मनुष्य वहाँ सम्पूर्ण भोगों को भोगता हुआ मेरे ज्ञान को प्राप्त करता है, जिससे वह मोक्ष को प्राप्त होता है। मेरे ज्ञान के बिना मोक्ष संभव नहीं है।

[२४] जिसने शाश्वत आत्मा को जान लिया है, वह वर्तमान शरीर को छोड़ने के बाद पुनर्जन्म नहीं लेता।

[२५] अज्ञानता के कारण मनुष्य उस टोपी को खोजता है जो पहले से ही उसके सिर पर है। ठीक इसी प्रकार मनुष्य उस आत्मा को खोजता है जो पहले से ही वह स्वयं है।

[२६] हे राजन! मेरा स्वरूप ज्ञात और अज्ञात से भिन्न है। शरीर में आत्मा की छवि उसी प्रकार दिखाई देती है, जैसे दर्पण में शरीर की छवि दिखाई देती है।

[२७] जैसे अंधकार और प्रकाश का भेद पूर्णतया स्पष्ट है, वैसे ही मेरे धाम में एकत्व से उत्पन्न ज्ञान पूर्णतया द्वैत से रहित है।

[२८] जो मनुष्य ज्ञान प्राप्त किये बिना ही इस शरीर को छोड़ देता है, यद्यपि वह व्यक्ति वैराग्यवान था और नियमित रूप से योग का अभ्यास करता था, तो वह बहुत लंबे समय तक ब्रह्मा के धाम में निवास करता है।

[२९] फिर वह व्यक्ति शुद्ध हृदय वाले समृद्ध परिवार में जन्म लेता है और पुनः योग का अभ्यास करता हुआ अंततः मेरे ज्ञान को प्राप्त होता है।

[३०] हे राजन! यह ज्ञान अनेक जन्मों के पश्चात प्राप्त होता है। यह एक जन्म में मिलना बहुत दुर्लभ है। अतः इस ज्ञान को प्राप्त करने के लिए मनुष्य को भरसक प्रयत्न करना चाहिए।

[३१] यदि कोई इस दुर्लभ मानव जन्म को प्राप्त करके भी दिव्य ज्ञान के लिए प्रयास नहीं करता, तो समझो कि उस व्यक्ति का जीवन सर्वथा व्यर्थ है।

[३२] मनुष्य जन्म प्राप्त होना बहुत कठिन है, ब्राह्मण कुल में जन्म तो और भी दुर्लभ है। फिर ब्राह्मणों में भी वेदों का सम्पूर्ण ज्ञान बहुत दुर्लभ है।

[३३] इंद्रिय संयम, शांति, संतोष, धैर्य, श्रद्धा, मोक्ष की इच्छा, गुरु की प्राप्ति, और योग में सफलता। ये सब इस जीवन में प्राप्त करना बहुत कठिन है।

[३४] मोक्ष की इच्छा केवल उन लोगों में जन्म लेती है जिन्होंने पिछले करोड़ों जन्मों में असंख्य पुण्य अर्जित किये होंगें।

[३५] जैसे दूध में घी छिपा रहता है, वैसे ही यह ज्ञान सबके अन्दर छिपा रहता है। मन को मथनी बनाकर अथक मथना चाहिए। इससे धीरे-धीरे अविनाशी आत्मा का दिव्य ज्ञान प्राप्त हो जाएगा।

[३६] इस दिव्य ज्ञान को प्राप्त करके मनुष्य तृप्त हो जाता है, इसमें कोई संदेह नहीं है। इस प्रकार मैंने आपको सब कुछ बता दिया।

[३७] ऋषि बोले: सभी संभव विषयों पर उपदेश देने के बाद दिव्य माँ ने सभी को आशीर्वाद दिया और फिर गायब हो गईं।